# Annie Oakley

## Un tiro seguro

Jennifer Kroll

## Asesor

**Glenn Manns, M.A.**
Coordinador del programa de enseñanza de Historia de los Estados Unidos en la Cooperativa Educativa de Ohio Valley

## Créditos

Dona Herweck Rice, *Gerente de redacción*; Lee Aucoin, *Directora creativa*; Conni Medina, M.A.Ed., *Directora editorial*; Katie Das, *Editora asociada*; Neri Garcia, *Diseñador principal*; Stephanie Reid, *Investigadora fotográfica*; Rachelle Cracchiolo, M.S.Ed., *Editora comercial*

## Créditos fotográficos

portada The Granger Collection; p.1 The Granger Collection; p.4 Centro Histórico Buffalo Bill; p.5 Annie Oakley Center at Garst Museum; p.6 Sociedad Histórica de Ohio; p.7 MaxFX/ Shutterstock; p.8 Joshua Lewis/Shutterstock; p.9 (superior) Keith R. Neely, (inferior) CreativeHQ/ Shutterstock; p.10 Annie Oakley Center at Garst Museum; p.11 Marsha Goldenberg/Shutterstock; p.12 Annie Oakley Center at Garst Museum; p.13 Ullstein Bild/The Granger Collection; p.14 Keith R. Neely; p.15 Keith R. Neely; p.16 Annie Oakley Center at Garst Museum; p.17 Annie Oakley Center at Garst Museum; p.18 Annie Oakley Center at Garst Museum; p.19 Centro Histórico Buffalo Bill; p.20 Biblioteca del Congreso de los Estados Unidos, LC-USZ62-12277; p.21 Biblioteca del Congreso de los Estados Unido, LC-USZC2-5747; p.22 Pablo Eder/ Shutterstock; p.23 Centro Histórico Buffalo Bill; p.24 Archive.org; p.25 Lebrecht Music and Arts Photo Library/Alamy; p.26 Annie Oakley Center at Garst Museum; p.27 Keith R. Neely; p.28 (izquierda) Ohio Historical Society, (derecha) Keith R. Neely; p.29 (izquierda) Keith R. Neely, (derecha) Annie Oakley Center at Garst Museum; p.32 (superior) Cal Sport Media/Newscom, (inferior) Cal Sport Media/Newscom

**Teacher Created Materials**
5301 Oceanus Drive
Huntington Beach, CA 92649-1030
http://www.tcmpub.com

**ISBN 978-1-4333-2582-3**


Printed in China

# Tabla de contenido

¿Quién fue Annie Oakley? . . . . . . . . 4
Los primeros años fueron duros . . 6
Annie y Frank . . . . . . . . . . . . . . . . . 12
El Espectáculo del salvaje Oeste . . 16
Fábulas y una heroína de verdad . 24
Línea del tiempo . . . . . . . . . . . . . . 28
Glosario . . . . . . . . . . . . . . . . . . . . 30
Índice . . . . . . . . . . . . . . . . . . . . . . 31
Estadounidenses de hoy . . . . . . . . 32

# ¿Quién fue Annie Oakley?

¡Annie Oakley podía usar un rifle para poner un agujero en una moneda de diez centavos! Su habilidad con el rifle asombró al mundo. Annie era la estrella del "Espectáculo del salvaje Oeste". Viajó por todo el mundo con ese espectáculo. Ella también ganó muchos premios de primer lugar en su deporte.

## Dato curioso

Annie podía dispararle a un blanco detrás de ella. Usaba un espejo para apuntar.

Annie Oakley

# Los primeros años fueron duros

Annie Oakley nació en Ohio en 1860. Su verdadero nombre era Phoebe Ann Moses. El padre de Annie murió cuando ella tenía cinco años. Su madre trabajó duro para cuidar de su familia grande. Pero eran muy pobres.

La casa de Annie Oakley

## Dato curioso

Annie Oakley era un nombre artístico. Algunos actores de hoy se cambian el nombre como Annie lo hizo.

Este mapa de los Estados Unidos muestra el estado en el que nació Annie.

Annie quería ayudar a su madre a conseguir comida para la familia. El rifle de su padre estaba colgado sobre la chimenea. Annie subió y bajó el rifle. Salió a buscar comida para la cena. Vio un conejo, apuntó ¡y disparó!

¡Annie tuvo suerte de no resultar herida! Si encuentras cualquier arma, no la toques.

Annie descuelga el rifle de su padre.

Annie le dio al conejo en su primer intento. Era bueno tener carne para la cena, por lo que Annie siguió cazando. Vendía la carne que les sobraba al mercado. Ella también tenía otros trabajos. Vivía y trabajaba en un asilo para personas sin hogar.

Ésta es la tienda de Ohio donde Annie vendía la carne sobrante.

Annie nunca fue a la escuela. Aprendió a leer y escribir de adulta.

Cuando Annie era pequeña, muchos niños iban a escuelas de una sola aula como ésta.

# Annie y Frank

Cuando Annie tenía 16 años, se fue a vivir con su hermana mayor a otra ciudad. Un hombre llamado Frank Butler estaba en la ciudad dando un espectáculo de tiro. Frank hacía trucos con sus armas. Un amigo organizó una competencia entre Annie y Frank. El ganador se llevaría 50 dólares.

Annie dispara parada sobre un caballo.

## Dato curioso

Más adelante, Frank le enseñaría a Annie muchos de sus trucos con el rifle.

Annie y Dave

## Dato curioso

El perro de Frank, Dave, era parte de su acto. ¡Annie y Dave se llevaron bien de inmediato!

Frank y Annie se encontraron para la competencia. Dispararon 25 veces cada uno. Frank falló una vez. Pero Annie dio en el blanco cada vez. ¡Ella ganó el dinero del premio! Ella también había encontrado a su marido. Más adelante, Annie y Frank se casaron.

Annie y Frank

## Dato curioso

En esa época, la bicicleta era un nuevo **invento**. Annie disparaba mientras andaba en bicicleta.

## El Espectáculo del salvaje Oeste

Frank y Annie se incorporaron al "Espectáculo del salvaje Oeste" de Buffalo Bill. El espectáculo era como un circo. Vaqueros hacían **acrobacias** montados a caballo. Indios estadounidenses bailaban vestidos con **disfraces**. Annie hacía trucos con su rifle. Le disparaba a bolas de vidrio en el aire y quitaba los corchos de las botellas con sus disparos.

Annie en un espectáculo de tiro durante una tormenta de nieve

## Dato curioso

**Annie era una de las estrellas del Espectáculo del salvaje Oeste.**

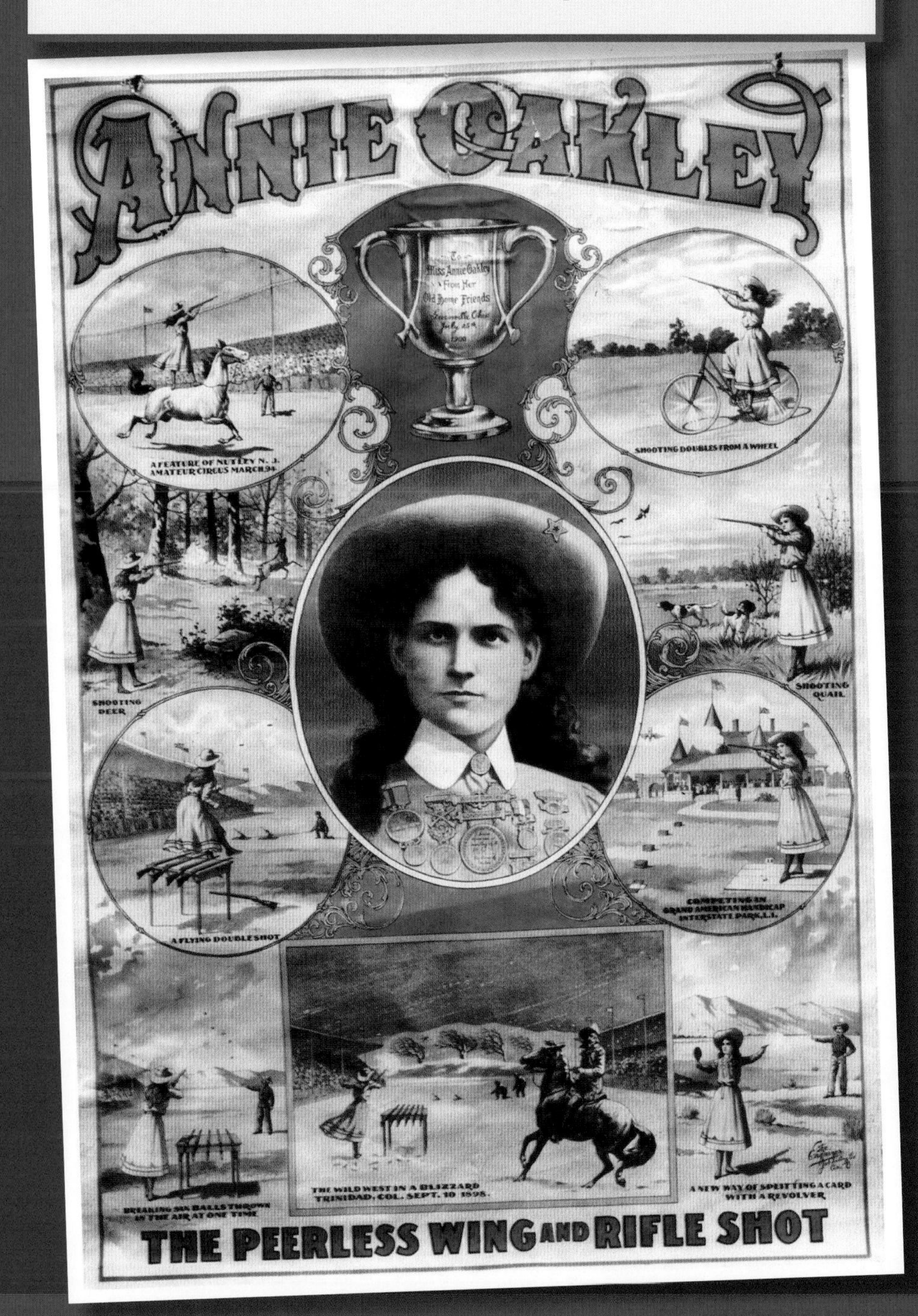

En el Espectáculo del salvaje Oeste, Annie se vestía de **vaquera**. Pero Annie no era del Oeste. Tampoco había sido vaquera. Eso no importaba. Annie sabía disparar y podía cuidarse sola. Su ropa de vaquera era sólo un disfraz. Pero su talento con el rifle era verdadero.

Annie con su rifle

## Dato curioso

Annie y Frank vivían en una tienda de campaña cuando estaban de gira. Tenían una bañera o tina de viaje plegable.

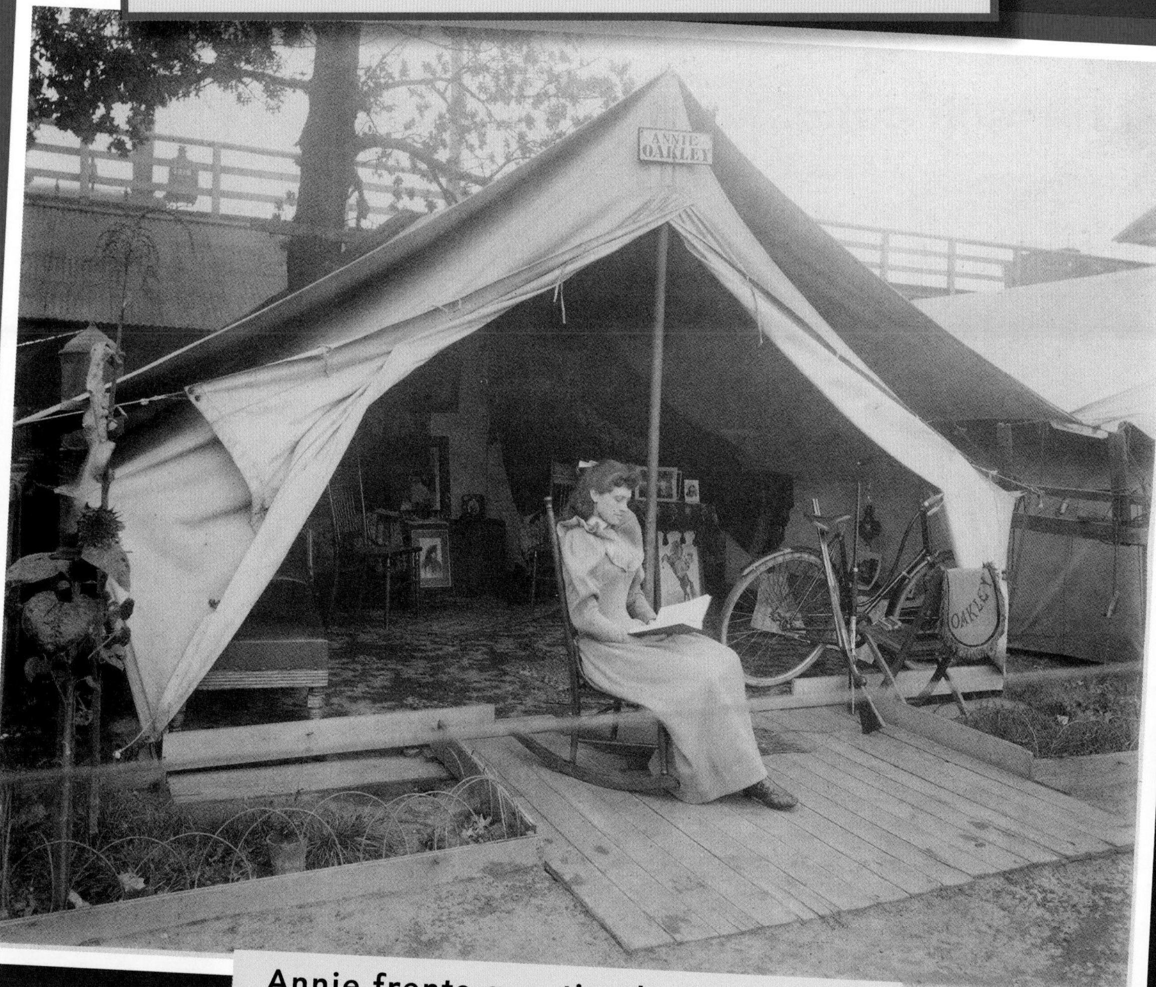


Annie frente a su tienda de campaña

Annie tenía muchos seguidores. Uno de ellos era un jefe indio estadounidense llamado Toro Sentado. La hija de Toro Sentado había muerto. Toro Sentado preguntó si podía **adoptar** a Annie. Le dio a Annie un nombre que en su idioma significaba "un tiro seguro".

Toro Sentado

## Dato curioso

Annie también tenía seguidores reales. Dio una presentación para la reina Victoria de Inglaterra.

La reina Victoria

Annie y Frank formaron parte del Espectáculo del salvaje Oeste durante años. Annie también daba clases. Le gustaba enseñarles a las mujeres a disparar. ¡Les enseñaba gratis! Annie daba mucho dinero para ayudar a otros.

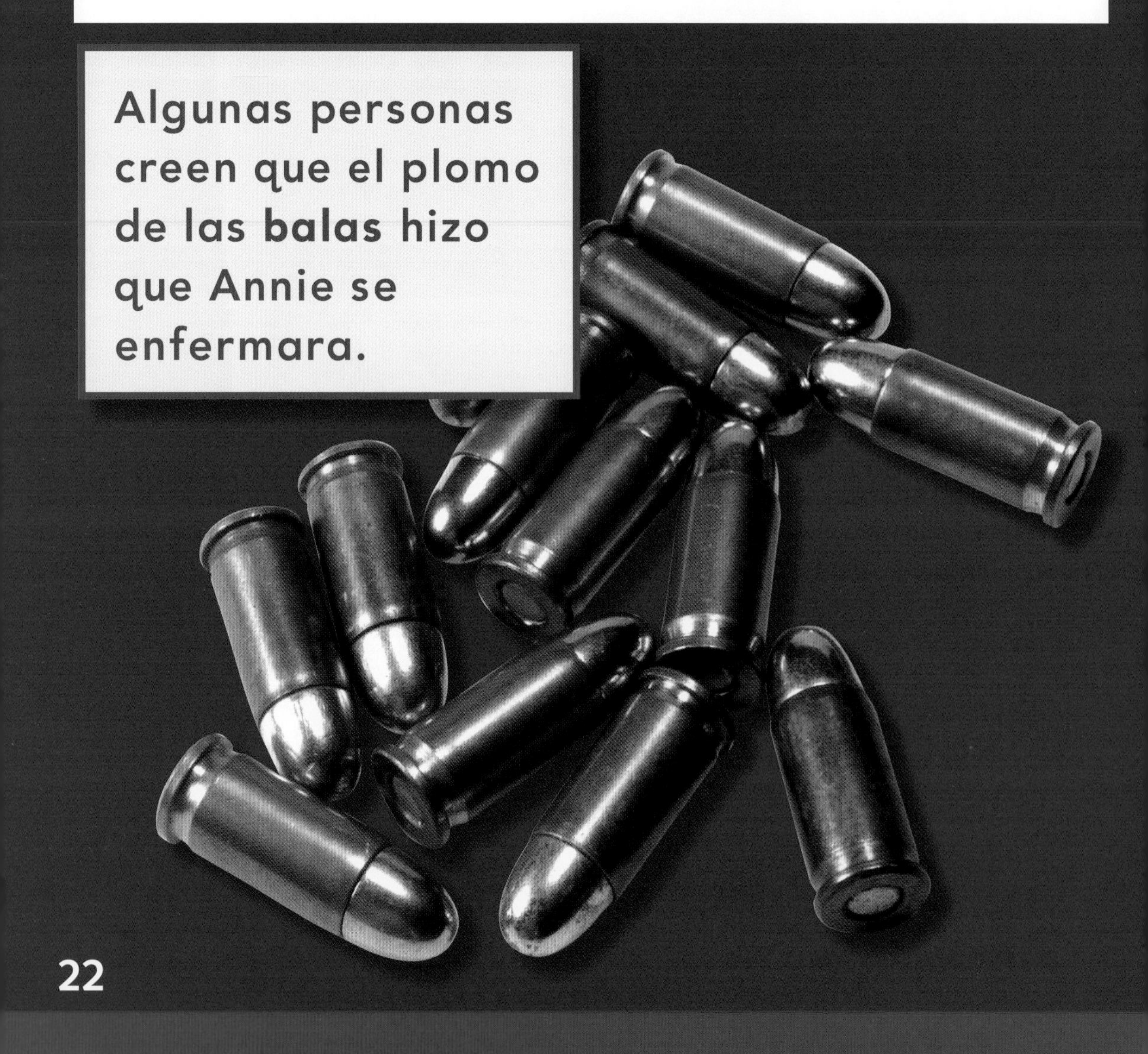

Algunas personas creen que el plomo de las balas hizo que Annie se enfermara.

Annie le enseña a una mujer a disparar.

# Fábulas y una heroína de verdad

Annie vivió en una época en la que no existía la televisión. Aun así, ella se parecía a muchas de las estrellas de hoy. Muchas personas hablaban de ella. Algunas de las historias que contaban eran **exageradas**. Después de que murió Annie, la gente escribió libros, una obra de teatro y un programa de televisión sobre ella.

Una historieta sobre las aventuras de Annie

## Dato curioso

Al público todavía le gusta ver la obra de teatro *Annie Get Your Gun*. La obra se trata de Annie y Frank.

Un póster de la obra *Annie Get Your Gun*

En algunas historias, Annie salva un tren de unos ladrones e impide el ataque de un lobo. Nada de eso sucedió en realidad. Pero Annie era una verdadera heroína. Usó su **voluntad** y sus habilidades para cambiar su vida. También influyó en la vida de muchas otras personas. Annie murió en 1926, a los 66 años. Frank murió 18 días después.

Annie y Frank con su perro, Dave

Annie Oakley

# Línea del

**1860**
Phoebe Ann Moses nace en Ohio el 13 de agosto.

**1866**
Muere el padre de Annie.

**Alrededor de 1868**
Annie toma el rifle de su padre y sale de cacería por primera vez.

# tiempo

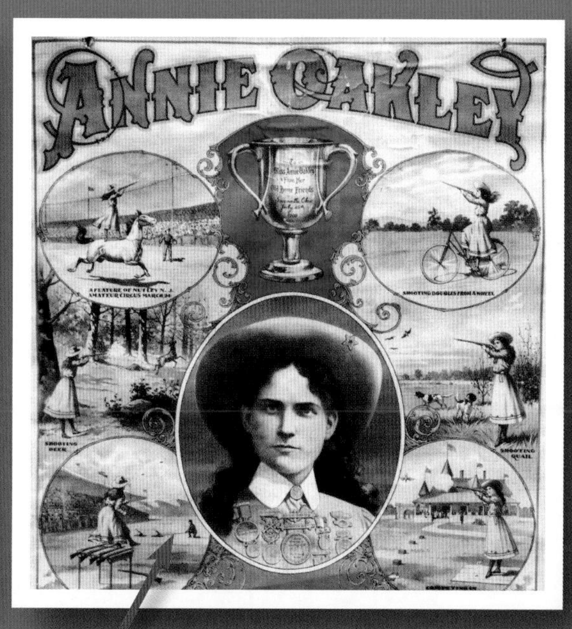


**1876**
Annie conoce a Frank Butler en una competencia de tiro y lo vence.

**1885**
Annie se incorpora al Espectáculo del salvaje Oeste de Buffalo Bill.

**1926**
Annie muere a los 66 años.

# Glosario

**acrobacias**—demostraciones audaces y peligrosas

**adoptar**—convertirse en padre o madre de un niño que no es hijo propio natural

**balas**—trozos pequeños de metal que salen de las armas cuando se les dispara

**blanco**—objeto al que se le apunta al practicar tiro

**disfraces**—ropas especiales que se visten para parecer otra persona u otra cosa

**exagerar**—hacer que algo parezca más grande o mejor de lo que realmente es

**invento**—algo que es nuevo y diferente

**vaquera**—mujer cuyo trabajo es cuidar del ganado

**voluntad**—hacer que algo suceda al trabajar duro en ello

# Índice

Buffalo Bill, 16

Butler, Frank, 12–14, 16, 19, 22, 25–26

Dave, 13, 26

Espectáculo del salvaje Oeste, 4, 16–18, 22

indios estadounidenses, 16, 20

Ohio, 6–7, 10

perro ,13, 26

reina Victoria, 21

Toro Sentado, 20

trucos, 12, 16

vaquera, 18

# Estadounidenses de hoy

Danica Patrick es una mujer valiente y aventurera. Su trabajo es conducir automóviles de carrera. Danica fue la única mujer que ganó una carrera de la categoría Indy Car. Al igual que Annie Oakley, ¡Danica les enseña a las mujeres que es bueno salir y mantenerse activas!